Pe. RICARDO GERALDO DE CARVALHO, C.Ss.R.

Novena para pedir a intercessão do Beato Pedro Donders

EDITORA SANTUÁRIO

DIREÇÃO EDITORIAL:
Pe. Fábio Evaristo R. Silva, C.Ss.R.

REVISÃO:
Luana Galvão

COORDENAÇÃO EDITORIAL:
Ana Lúcia de Castro Leite

DIAGRAMAÇÃO E CAPA:
Mauricio Pereira

COPIDESQUE:
Sofia Machado

Textos bíblicos extraídos da *Bíblia de Aparecida*, Editora Santuário, 2006.

ISBN 978-65-5527-102-7

1ª impressão

Rua Pe. Claro Monteiro, 342 – 12570-000 – Aparecida-SP
Tel.: 12 3104-2000 – Televendas: 0800 - 0 16 00 04
www.editorasantuario.com.br
vendas@editorasantuario.com.br

Introdução

A oração do Pai-nosso é um resumo do Reino: que todos tenham Pai, que todos sejam irmãos e que todos tenham pão.
O papa Francisco apresenta essa oração, ensinada pelo próprio Jesus, como a "matriz de cada oração cristã", porque feita como "*contemplação* de Deus, de seu mistério, de sua beleza e bondade", e também como "sincero e corajoso *pedido* do que nos serve para viver, e viver bem".

Assim, nós queremos com esta novena deixar-nos envolver pelo mistério do amor de Deus e pedir-lhe, por intercessão do Beato Pedro Donders, tudo de que precisamos, se for de seu agrado e de sua vontade nos conceder.

Oração inicial

(para todos os dias da Novena)

Deus de bondade,/ confiamos em teu infinito Amor/ e, nesta Novena,/ pedimos a intercessão de teu servo fiel, Pedro Donders, para (pensar ou dizer a graça que se quer alcançar)./ Cremos que ele te falará de nossa história de vida.

Ó Pai,/ cuida de nós com teu amor e tua bondade,/ conforme olhaste ternamente por teu amado filho,/ Pedro Donders.

Deus da Vida,/ nós te pedimos, fervorosamente,/ dá-nos teu Espírito/ e ajuda-nos a viver como seguidores e discípulos de Jesus, testemunhando tua ternura e amorosidade,/ em comunhão com nossos irmãos e nossas irmãs./ Amém.

Oração final

(para todos os dias da Novena)

Ó Deus, em tua infinita bondade, chamaste teu filho Pedro Donders ao sacerdócio e à vida religosa redentorista e fizeste dele um sinal de teu amor aos abandonados, especialmente aos leprosos.

Dá-nos teu Espírito, para que vivamos nossa vocação cristã com fidelidade e alegria, acolhendo e cuidando dos empobrecidos e sofredores, e para que sintamos a presença de teu Filho Redentor. Amém.

1º Dia

"PAI NOSSO, QUE ESTAIS NOS CÉUS"

D.: Em nome do Pai e do Filho e do Espírito Santo. Amém!

T.: *(Oração inicial, p. 4)*

1. A Palavra que ilumina

L1: A grande novidade revelada por Jesus e reconhecida por Paulo é a de que nosso Deus é Pai, paizinho, que nos ama com amor de pai e de mãe, com amor apaixonado. Jesus resgatou para nós a condição de filhos e filhas de Deus. Mostrou a dimensão divina do ser humano. Porém o amor desse Pai/Mãe é diferente, é de quem está "nos céus", isto é, de quem nos ama sempre e para sempre, em todas as ocasiões, e jamais falha. Cabe-nos deixar o céu entrar em nós!

2. Leitura *(Rm 8,15)*

L2: Carta aos Romanos: "Porquanto não recebestes um espírito de escravidão, para viverdes ainda no temor, mas recebestes o espírito de adoção pelo qual clamamos: 'Aba! Pai!'"

3. Reflexão

L3: Deus está conosco em todas as situações de nossa vida, sejam elas serenas ou desafiantes, iluminadas ou sombrias, pró ou contra a vida. É um Pai a quem podemos invocar com confiança e basta invocá-lo para que esteja conosco.

– Caminhamos na certeza de que nosso Deus é um Pai amoroso, em cujos braços estamos seguros ou nos deixamos levar pelo medo e pela incerteza?

– Agradecemos sempre porque o Pai cuida de nós como a pupila de seus olhos?

4. Preces

L1: Afirmava o Beato Pedro Donders: "É reconfortante confiar na Providência paternal, que me chamou" (carta 13/11/1842). Ele, que viveu na certeza de que Deus o amava, hoje, intercede por nós.

1. Pai querido, ajuda-nos a sermos fortes na fé e mais humanizados, para que possamos nos tornar dignos de sermos teus filhos e tuas filhas e contribuirmos na construção de teu Reino de justiça e paz.

T.: Beato Pedro Donders, intercede ao Pai por nós!

2. Pai querido, cuida de todos nós, especialmente dos mais vulneráveis de nosso tempo, as vítimas da pandemia da Covid-19, os pobres, os migrantes e os excluídos.

T.: Beato Pedro Donders, intercede ao Pai por nós!

3. Pai querido, faz com que, em nossas necessidades, confiemos sempre em tua Providência paternal.

T.: Beato Pedro Donders, intercede ao Pai por nós!

Pai-Nosso... Ave-Maria... Glória ao Pai...

T.: *(Oração final, p. 5)*

2º Dia

"SANTIFICADO SEJA O VOSSO NOME"

D.: Em nome do Pai e do Filho e do Espírito Santo. Amém!

T.: *(Oração inicial, p. 4)*

1. A Palavra que ilumina

L1: Jesus, acolhendo as pessoas, libertando das doenças, da exclusão e do sofrimento, revelou-nos que o nome, "a identidade de Deus" é amor-misericórdia. Admirando sempre a beleza do amor do Pai, Jesus faz-nos um apelo: santificar, tornar conhecido e experimentado esse mesmo amor no meio do mundo.

2. Leitura *(Jo 17,6.26)*

L2: Evangelho de João: "Manifestei teu nome aos homens, que tirastes do mundo para dá-los a mim. Eles eram teus, e tu os deste a mim; eles guardaram tua palavra. (...). Eu lhes fiz conhecer o teu nome, e o farei conhecer ainda, para que o amor com que me amaste esteja neles, e eu mesmo esteja neles".

3. Reflexão

L3: Na oração pessoal e nas celebrações, sobretudo na Eucaristia, quando nos reunimos para rezar, cantar e louvar, expressamos nosso amor pelo nome de Deus. Porém, para que nossa celebração agrade a Ele, é preciso honrar e santificar seu nome no dia a dia, com atitudes de misericórdia, com uma boa palavra no momento certo, com gestos de solidariedade.

– Temos participado da vida da comunidade e celebrado dignamente o santo nome de Deus?

– Como temos manifestado a santidade de Deus na família, na comunidade, no trabalho e na sociedade?

4. Preces

L1: O Beato Pedro Donders, homem de oração, respondeu ao chamado para ser padre:

deixou sua terra e serviu a Deus nos pobres do Suriname. Assim santificou o nome de Deus, podendo afirmar: "Depositemos toda a nossa confiança no Bom Deus. Tudo é obra daquele que tudo ilumina e a quem tudo pertence; e é para sua maior honra e glória que esses pensamentos nos encorajam" (carta 24/09/1844). Seu exemplo ajuda-nos a santificar o nome de Deus, e, para isso, ele intercede por nós.

1. Pai querido, que teu Espírito venha em nosso socorro, para que procuremos sempre agir segundo tua vontade e em honra de teu nome.

T.: Beato Pedro Donders, intercede ao Pai por nós!

2. Pai querido, que teu Espírito forme em nós um coração misericordioso, a fim de que, ao celebrarmos teus louvores, nós o façamos de modo coerente e sincero.

T.: Beato Pedro Donders, intercede ao Pai por nós!

3. Pai querido, que teu Espírito nos guie, a fim de que em nossas famílias sejamos um para o outro sinal de teu amor e de teu cuidado, santificando teu nome santo.

T.: Beato Pedro Donders, intercede ao Pai por nós!

Pai-Nosso... Ave-Maria... Glória ao Pai...

T.: *(Oração final, p. 5)*

3º Dia

"VENHA A NÓS O VOSSO REINO"

D.: Em nome do Pai e do Filho e do Espírito Santo. Amém!

T.: *(Oração inicial, p. 4)*

1. A Palavra que ilumina

L1: Jesus, ao afirmar "Eu vim para que todos tenham vida e a tenham em abundância" e agir sempre em favor da vida, revela-nos que o reinado de Deus é o da vida digna e boa para todos. A pregação de Jesus concentrava-se no Reino de Deus, na boa-nova da libertação e salvação, e era apresentada não como uma teoria, mas como prática realizada por ele mesmo.

2. Leitura *(Mt 6,33)*

L2: Evangelho de Mateus: "Buscai em primeiro lugar o Reino de Deus e sua justiça, e todas essas coisas vos serão acrescentadas".

3. Reflexão

L3: Foram muitos os sinais que Jesus deu do Reino: acolheu pecadores, curou doentes, defendeu os pobres, denunciou as injustiças e ensinou-nos a pedir ao Pai: "Venha a nós o vosso Reino", a fim de que assumíssemos sempre o compromisso com a vida e repetíssemos, hoje, seus gestos de acolhida, solidariedade, perdão e partilha. Se agirmos assim, tudo o mais nos será acrescentado.

– Nossa vida está centrada em deixar Deus reinar nela, buscando "sua justiça", isto é, amar a ele e ao próximo, ou estamos preocupados com muitas outras coisas?

– Como estamos vivenciando a acolhida, a partilha, a solidariedade e o perdão?

4. Preces

L1: O Beato Pedro Donders foi um apaixonado pelo Reino de Deus. O amor a Deus o levou a viver para os leprosos, os negros e os indígenas. Com sua vida, atendeu ao pedido de Jesus: "Venha a nós o vosso Reino!" Por isso pôde afirmar: "Não tema! Se você busca somente Deus e a salvação integral das pessoas, não tem nada a temer. Não podemos prometer prazeres ou bens; mas o próprio Deus, se esperarmos, viveremos nele e também teremos sua recompensa, porque ele prometeu aos que o seguirem fielmente" (carta 24/9/1844). Por intercessão do Beato Donders, vamos dizer que precisamos do Pai, que é sempre o Senhor, e pedir que esteja no meio de nós.

1. Pai querido, que, ao pedirmos-te "Venha a nós o teu reino", nos momentos de alegria e nos momentos de angústia, cresça em nós a certeza de que tu vens e estás sempre no meio de nós.

T.: Beato Pedro Donders, intercede ao Pai por nós!

2. Pai querido, faz de nós seguidores fiéis de teu Filho Jesus e que, com nossas atitudes e palavras, colaboremos para a edificação de teu reinado de amor entre nós!

T.: Beato Pedro Donders, intercede ao Pai por nós!

3. Pai querido, que os pobres e sofredores deste mundo sejam animados pela esperança ao encontrarem irmãos que, na solidariedade, lutam por uma sociedade justa e fraterna.

T.: Beato Pedro Donders, intercede ao Pai por nós!

Pai-Nosso... Ave-Maria... Glória ao Pai...

T.: *(Oração final, p. 5)*

4º Dia

"SEJA FEITA A VOSSA VONTADE"

D.: Em nome do Pai e do Filho e do Espírito Santo. Amém!

T.: *(Oração inicial, p. 4)*

1. A Palavra que ilumina

L1: Nosso Deus, que é Pai e Mãe, tem um grande desejo: "Que todos os homens e todas as mulheres se salvem e cheguem ao conhecimento da verdade" (1Tm 2,4), isto é, que sejam envolvidos em sua ternura e em seu amor, que amem uns aos outros, sendo felizes aqui-agora e para sempre, na vida eterna e feliz. Jesus com sua vida, morte e ressurreição realizou para nós esse sonho de Deus.

2. Leitura *(Hb 10,7)*

L2: Carta aos Hebreus: "Então eu disse: 'Eis-me aqui, eu venho, ó Deus, para fazer vossa vontade'".

3. Reflexão

L3: Pedir, com Jesus, que "seja feita a vontade do Pai" é deixar-se atrair e ser encontrado por ele, no concreto de nossa vida. É também nos tornarmos instrumentos de seu amor, espalhando amor em toda parte (no céu e na terra). Tendo certeza de que o amor de Deus "primeireia" sempre, de que Ele tem a iniciativa de nos amar, cabe-nos abrir e corresponder ao amor, sabendo que a misericórdia do Pai vai além de nossas fragilidades e de nossos pecados, e amar nossos irmãos.

– Vivemos e agimos sempre na certeza de que Deus "primeireia" em nossa vida e de que caminhamos na história sob seu olhar amoroso?

– Temos dado o melhor de nós para que a vontade de Deus seja conhecida e realizada?

4. Preces

L1: A Igreja está no mundo para que o sonho de redenção de Deus se concretize em todas as partes. É uma Igreja em saída que vai ao encontro de todos, sem distinção. O Beato Pedro Donders deixou-se seduzir pela bondade e gratuidade de Deus, entregou sua vida para que muitos se aproximassem da Igreja e vivessem como irmãos. Ele viveu o que recomendava: "Tudo como o bom Deus deseja. Sua santa e adorável vontade seja feita em tudo" (carta 18/8/1885). À sua intercessão nos confiamos.

1. Pai querido, faz com que correspondamos ao teu amor, que salva, abandonando o egoísmo, o comodismo e tudo que nos afasta de ti e dos outros.

T.: Beato Pedro Donders, intercede ao Pai por nós!

2. Pai querido, que em Jesus nos revelaste tua vontade: amar a ti e ao próximo, dá-nos o socorro de tua graça para que possamos querer e agir conforme tua vontade.

T.: Beato Pedro Donders, intercede ao Pai por nós!

3. Pai querido, que tua Igreja seja para o mundo sinal de salvação, sendo uma Igreja samaritana, acolhedora, próxima e que promova sempre a vida plena.

T.: Beato Pedro Donders, intercede ao Pai por nós!

Pai-Nosso... Ave-Maria... Glória ao Pai...

T.: *(Oração final, p. 5)*

5º Dia

"O PÃO NOSSO DE CADA DIA NOS DAI HOJE"

D.: Em nome do Pai e do Filho e do Espírito Santo. Amém!

T.: *(Oração inicial, p. 4)*

1. A Palavra que ilumina

L1: Como um filho que experimenta sempre a intimidade do Pai e, com simplicidade, apresenta-lhe suas necessidades, Jesus quer que façamos o mesmo. Ele vive no meio do povo, percebe que muita gente carrega o fardo da pobreza, da doença, da fome, da marginalização, do trabalho escravo e falta-lhes "o pão", isto é, o básico para viver dignamente. Ele conhece o Pai, sabe que sempre dá coisas boas para seus filhos. Porém nos ensina que a bondade do Pai é manifestada e experimentada na partilha, entre os irmãos, dos cinco pães e dois peixes.

2. Leitura *(Jo 6,5-13)*

L2: Evangelho de João: "Levantando os olhos e vendo uma grande multidão que vinha a ele, Jesus disse a Felipe: 'Onde vamos comprar pão para que possam comer?' André disse: 'Está aqui um menino com cinco pães e dois peixes'. Jesus disse: 'Fazei as pessoas sentarem-se'. Jesus tomou os pães, deu graças e distribuiu tanto quanto queriam. E fez o mesmo com os peixes. Depois que se fartaram, ordenou: 'Juntai o que sobra para que nada se perca'. Encheram, assim, doze cestos com os pedaços que sobraram".

3. Reflexão

L3: São várias as faltas de pão, presentes no mundo: do pão de cada dia, da moradia, do trabalho, do lazer, da educação, da saúde, da inclusão digital. Isso aconteceu por diversas razões, entre as quais os sistemas econômicos e políticos injustos e desumanos. Além disso, há os que padecem com a fome de sentido para viver, de valores que plenificam a vida. Muitos ainda não se saciam da Palavra e do Pão da Vida, que é o próprio Jesus, faltando-lhes alimento e sustento no caminho.

– Percebemos perto de nós essas diversas carências e somos sensíveis a elas sabendo que são irmãos nossos que as padecem?

– Com Jesus aprendemos que pedimos o pão para repartirmos o pão. Como temos realizado esse seu ensinamento?

4. Preces

L1: O Beato Pedro Donders afirmou: "Deus não nos ensinou a orar em vão: o pão nosso de cada dia nos dai hoje" (carta de 16/04/1884). Ele saciou-se do Pão da vida, e sua vida foi pão repartido para os irmãos mais pobres. Com sua intercessão, como irmãos, elevemos nosso coração ao Pai.

1. Pai querido, tua graça e tua bênção nos dão o trabalho e o pão de cada dia. Livra-nos do consumismo, do apego aos bens, do desejo de acumular e dá-nos um coração generoso, capaz de partilhar.

T.: Beato Pedro Donders, intercede ao Pai por nós!

2. Pai querido, teu Filho Jesus se dá a nós no pão da Palavra e no pão da Eucaristia. Que, fortificados por tão sublime alimento, empenhemo-nos em uma caridade ativa, em uma vida de partilha e na construção de um mundo de unidade e paz.

T.: Beato Pedro Donders, intercede ao Pai por nós!

3. Pai querido, que os dirigentes e líderes se esforcem para criar organizações justas que permitam a todos saciar suas diversas fomes e terem condições de vida digna.

T.: Beato Pedro Donders, intercede ao Pai por nós!

Pai-Nosso... Ave-Maria... Glória ao Pai...

T.: *(Oração final, p. 5)*

6º Dia

"PERDOAI-NOS AS NOSSAS OFENSAS, ASSIM COMO NÓS PERDOAMOS A QUEM NOS TEM OFENDIDO"

D.: Em nome do Pai e do Filho e do Espírito Santo. Amém!

T.: *(Oração inicial, p. 4)*

1. A Palavra que ilumina

L1: "Com amor eterno eu te amei, dei a minha vida por amor. Agora, vai, também ama teu irmão" cantamos algumas vezes. Somos devedores de tanta graça, tanta benevolência de Deus para conosco e também de tanta gente que nos faz o bem. Jesus, manifestando esse amor do Pai por nós, mostrou-nos que ele não abre mão de nós, apesar de nossos pecados e de nossa fragilidade. O Pai nos perdoa sempre. Porém é exigente e estabelece uma medida: perdoar para ser perdoado.

2. Leitura *(Lc 6,37-38)*

L2: Evangelho de Lucas: "Não julgueis e não sereis julgados; não condeneis e não sereis condenados; perdoai e sereis perdoados. Dai e vos será dado. Uma medida boa, socada, sacudida e transbordante será colocada na dobra de vossa veste, pois a medida que usardes para os outros, servirá também para vós".

3. Reflexão

L3: A palavra perdoar significa entregar completamente (*per* = completamente; *donare* = doar, entregar), não guardar nada da falta cometida contra a pessoa que falhou, nem mágoa, nem ressentimento. Assim como Deus não retém nada de nossas faltas e as perdoa completamente, nós também precisamos aprender a restituir na mesma medida o perdão que recebemos.

– Temos sido gratos a Deus por tantos benefícios recebidos, de modo especial por seu amor incondicional, mesmo diante de nossos pecados e da falta de correspondência?

– Após algum desentendimento ou conflito somos capazes de pedir perdão e perdoar?

4. Preces

L1: Por experiência, todos nós sabemos que perdoar e pedir perdão não é fácil. É graça de Deus e precisamos pedi-la com humildade e confiança. O Beato Pedro Donders, certamente, enfrentou conflitos e incompreensões como religioso e como missionário. Seu testamento é reflexo de seu coração humilde e comprova que entendeu bem a medida exigida para ser perdoado, na oração ensinada por Jesus: "Não tenho nada para pedir e nada para dizer; alguém pode me enterrar onde quiser; somente tenho que solicitar: antes de tudo, peço perdão aos seguidores do Redentor, caso eu lhes tenha insultado de alguma forma..." (Testamento). Que ele nos ajude a sermos generosos no perdão.

1. Pai querido, dá-nos a consciência de que somos frágeis, necessitados de tua graça e de teu perdão e que saibamos generosamente perdoar de todo o coração.

T: Beato Pedro Donders, intercede ao Pai por nós!

2. Pai querido, que, na vida familiar, no ambiente de trabalho e na comunidade de fé, saibamos superar as dificuldades de relacionamento, as ofensas e os conflitos com o diálogo, o perdão e a reconciliação.

T: Beato Pedro Donders, intercede ao Pai por nós!

3. Pai querido, que os cristãos possam romper, com gestos de perdão e reconciliação, os ciclos de guerra, violências e desavenças que assolam países, grupos e muitas famílias.

T.: Beato Pedro Donders, intercede ao Pai por nós!

Pai-Nosso... Ave-Maria... Glória ao Pai...

T.: *(Oração final, p. 5)*

7º Dia

"NÃO NOS DEIXEIS CAIR EM TENTAÇÃO"

D.: Em nome do Pai e do Filho e do Espírito Santo. Amém!

T.: *(Oração inicial, p. 4)*

1. A Palavra que ilumina

L1: O sonho de Deus para nós é de felicidade, que se concretiza na promoção da vida humana digna, na vida de fraternidade, no cuidado com a natureza e na vida de intimidade com ele, Pai, que nos ama e quer nosso bem. Fazendo de nós seres livres, podemos dizer "sim" ou "não" a esse seu projeto de amor.

2. Leitura *(Mt 26,41)*

L2: Evangelho de Mateus: "Vigiai e orai para não cairdes em tentação, pois o espírito está pronto, mas a carne é fraca".

3. Reflexão

L3: Como criaturas frágeis, somos tentados pelo inimigo a nos deconectar do projeto de Deus, a nos deixar levar mais pelas trevas do que pela luz. Jesus também foi tentado, no deserto e em outros momentos, a se desviar do projeto do Pai. Seduzidos pelas aparências, buscamos a fama, o poder, o prazer, a honra, desfigurando a imagem de Deus em nós e nos outros. Sozinhos não podemos fugir do mal. Precisamos da força de Deus.

– Nem sempre fazemos o bem que queremos, mas sim o mal que não queremos. Nesses momentos, invocamos a força de Deus?

– A escuta da Palavra e a oração são meios poderosos que nos mantêm vigilantes e nosso espírito forte. Usamos sempre esses meios?

4. Preces

L1: A grande tentação é e sempre será o fechamento ao amor de Deus, à fraternidade e à solidariedade no mundo, ao seu Reino de paz, justiça e alegria para todos. O Beato Pedro Donders sempre se manteve vigilante e se esforçou para realizar a vontade de Deus. "Certamente, posso confiar à ajuda bondosa de Deus, à intercessão de Maria Santíssima e de Santo Afonso de Ligório minha fidelidade ao Projeto de nosso Redentor. Se os cedros caírem, o junco fraco pode ter medo" (carta 12/12/1869). Confiantes, peçamos a intercessão de nosso beato para não cairmos em tentação.

1. Pai querido, livra-nos da autossuficiência e do orgulho, que nos impedem de perceber que é na fraqueza que tua força e tua graça se manifestam.

T.: Beato Pedro Donders, intercede ao Pai por nós!

2. Pai querido, não permitas que caiamos na tentação de não confiarmos plenamente em teu projeto de amor e de libertação. Se cairmos, dá-nos teu apoio e tua proteção para vencermos o mal.

T.: Beato Pedro Donders, intercede ao Pai por nós!

3. Pai querido, reacende em nós o amor a tua Palavra e à prática da oração, para que vençamos os momentos de provação e de sofrimento, em que somos tentados a abandonar teus caminhos.

T.: Beato Pedro Donders, intercede ao Pai por nós!

Pai-Nosso... Ave-Maria... Glória ao Pai...

T.: *(Oração final, p. 5)*

8º Dia

"LIVRAI-NOS DO MAL"

D.: Em nome do Pai e do Filho e do Espírito Santo. Amém!

T.: *(Oração inicial, p. 4)*

1. A Palavra que ilumina

L1: Nós, discípulos de Jesus, somos chamados a exercer nossa missão em uma realidade "ferida", em um mundo onde crescem o joio e o trigo. Não podemos ignorá-lo. Não obstante, o amor superabundante de Deus manifesta-se sempre.

2. Leitura *(Jo 17,15)*

L2: Evangelho de João: "Não te peço que os tires do mundo, mas que os guardes do mal".

3. Reflexão

L3: Somente assumindo o projeto de nosso Redentor, que defendeu com radicalidade a justiça onde o mal dominava, poderemos transformar as situações geradoras de morte em situações que resguardem a sacralidade da vida.

– Reconhecemos o mal presente em nós e que nos leva ao egoísmo, à inveja, à fofoca, ao desamor, ao desânimo, ao indiferentismo e à desesperança?

– Procuramos conhecer a realidade que nos cerca com suas possibilidades e sementes do bem e com o "mal" que campeia nela para realizarmos nossa missão profética-evangelizadora?

4. Preces

L1: Jesus veio ao mundo, experimentou profundamente toda espécie de males e com sua morte e ressurreição nos libertou. Em sua oração, pede ao Pai que guarde cada um de nós e sua Igreja do mal. Por intercessão do Beato Pedro Donders, que insistia sempre: "Oremos ao Bom Deus, para que ele nos esclareça e converta" (carta 18/08/1885), rezemos:

1. Pai querido, que o mal não nos tome por dentro, fazendo-nos irresponsáveis e indiferentes diante dos males que oprimem a humanidade.

T.: Beato Pedro Donders, intercede ao Pai por nós!

2. Pai querido, livra nosso mundo das calamidades, das discórdias, das doenças e dá-nos tua paz, tua luz, tua verdade.

T.: Beato Pedro Donders, intercede ao Pai por nós!

3. Pai querido, que tua Igreja possa viver sua vocação profética no meio do mundo, testemunhando e anunciando tua palavra libertadora e denunciando as situações e estruturas de pecado e de morte.

T.: Beato Pedro Donders, intercede ao Pai por nós!

Pai-Nosso... Ave-Maria... Glória ao Pai...

T.: *(Oração final, p. 5)*

9º Dia

COM MARIA, REZANDO O PAI-NOSSO

D.: Em nome do Pai e do Filho e do Espírito Santo. Amém!

T.: *(Oração inicial, p. 4)*

1. A Palavra que ilumina

L1: Contemplação de Deus, abertura a seu mistério de amor e corajoso pedido do que serve para se viver bem fazem do Pai-nosso matriz da oração cristã (Papa Francisco). Maria, mãe de Jesus e nossa mãe, "toda de Deus e tão humana", vivenciou estas duas dimensões, de modo especial, na Anunciação e nas Bodas de Caná.

2. Leitura *(Lc 1,38; Jo 2,5)*

L2: Evangelho de Lucas: "Eis aqui a serva do Senhor! Faça-se em mim a tua vontade". Evangelho de João: "Fazei tudo o que ele vos disser".

3. Reflexão

L3: Contemplativa, confiante, Maria aceita a exigente missão de ser a mãe de Jesus, permitindo que o Pai realizasse seu projeto de amor à humanidade. É agraciada e se curva à vontade de Deus, percorrendo um caminho de fé, como discípula de Jesus. Nas Bodas de Caná, como em outras ocasiões, Maria, atenta às necessidades das pessoas, pede o que era necessário para manter a festa e alegria.

– Deus continua a nos chamar, hoje, aqui-agora. Quais são seus apelos? Qual nossa resposta?

– São muitas as necessidades pessoais de nossa comunidade e da sociedade. Costumamos apresentá-las a Deus e nos comprometemos a fazer algo para levar paz, alegria, união, mais vida aonde for necessário?

4. Preces

L1: O Beato Pedro Donders atribuiu a Maria sua vocação sacerdotal e religiosa e considerava uma graça invocá-la com frequência (carta 13/08/1879). Como canta Pe. Zezinho, "Jesus Cristo é o único intercessor, mas, se podemos orar pelos outros, a mãe de Jesus pode mais". Por isso, queremos pedir a ela e a Pedro Donders que intercedam ao Pai por nós:

1. Pai querido, que tua Igreja, sob a proteção de Maria e do Beato Pedro Donders, seja no mundo presença de tua ternura, de tua misericórdia, a serviço da vida e da esperança.

T.: Maria, toda de Deus e tão humana, e Beato Pedro Donders, intercedam por nós!

2. Pai querido, que, em nosso dia a dia, nas coisas mais comuns, sintamos teu amor de Pai e experimentemos como é bom viver como irmãos, no perdão, na partilha e na alegria.

T.: Maria, toda de Deus e tão humana, e Beato Pedro Donders, intercedam por nós!

3. Pai querido, olha com bondade e ternura para os pobres e sofredores deste mundo e suscita mãos acolhedoras, amigas e solidárias, que se coloquem a serviço da vida.

T.: Maria, toda de Deus e tão humana, e Beato Pedro Donders, intercedam por nós!

Pai-Nosso... Ave-Maria... Glória ao Pai...

T.: *(Oração final, p. 5)*

Este livro foi composto com as famílias tipográficas Avenir, Bellevue e Calibri e impresso em papel Offset 75g/m² pela **Gráfica Santuário.**